Boulevard

Sudaquia Editores.
New York, NY.

El Gato Cimarrón

Boulevard

Leonardo Padrón

Sudaquia Editores.
New York, NY.

Published by Sudaquia Editores
Collection Design by Sudaquia Editores
Author image by Manuel Reverón

First Edition Sudaquia Editores: September 2020
Sudaquia Editores Copyright © 2020 All rights reserved.

First edition by Casa de la Poesía J.A. Pérez Bonalde
2002

Printed in the United States of America

ISBN-10 1944407537
ISBN-13 978-1-944407-53-7
10 9 8 7 6 5 4 3 2 1

Sudaquia Group LLC
New York, NY

For information or any inquires: central@sudaquia.net

www.sudaquia.net

The Sudaquia Editores logo is a registered trademark of Sudaquia
Group, LLC

Índice

"Y todo cuanto vivo no será más que un transeúnte menos en la cotidianidad de las calles de una ciudad cualquiera".

Fernando Pessoa.

"No existe una sola razón humana para estar allí. Sólo el éxtasis de la promiscuidad".

Jean Baudrillard.

Amanece. El alba, habrán de suponerlo, es gris. Un hombre camina por Washington Square, Sabana Grande o Vía Venetto. Por el delirio de Amsterdam, los perfumes de Sao Paulo o las ramblas de Barcelona. Ese hombre es una criatura del cemento, un inquilino del menoscabo y el esplendor. Ese hombre -cuenta el alfabeto- es festivo y mustio. La ciudad, sin él saberlo, le moldea un milímetro la mirada.

Amanece.

Ocurre el matinal entusiasmo de las catedrales.

En lo alto de un edificio se observa la silueta de un albañil. Aún le resta medio día de trabajo. Está sentado sobre un mohoso tanque de agua y contempla a Caracas. Tiene horas allí, escuchando el documento de la ciudad, su ruido de animal en celo. El hombre entiende que la belleza también es profana. Digamos, no hay orden en el espectáculo, pero se asemeja tanto a la ópera, que se perdonan ciertas disonancias. Hay, en estos momentos, un solo espectador. En las otras terrazas: antenas, ropa al viento y torvos zamuros. Escaso público, pero la función es inmensa y agitada, como primer día de la creación, como un tercer acto de nervios y vehemencia.

Medidas Especiales

Extranjeros, suicidas, embotelladores de agua,
estudiantes de arte, señores de la banca,
se busca timonel para la navegación de las calles
se pide guardián para las rosas de agosto
y el follaje de la vejez
un custodio para el destino de las palabras arduas
que tanto rasgan y sublevan
un celador para el rumbo de las hormigas
y las sílabas de tu cintura
se requiere guía
para los rostros débiles y sin música.

Alguien primitivo y resoluto,
capaz de beberse la vía láctea
y convencer a pájaros y mendigos.

Alguien con vocación para la risa
y una cesta de moras
para los días blancos.

Se busca.
Antes que la comarca desfallezca de extravío.

De los atardeceres:

A quince pisos sobre el nivel del asfalto los atardeceres tienen otro talante. No son limpios ni serenos. No se ufanan con el dialecto de los pájaros. Rebotan contra las ventanas, se trepan en los carros, se propagan en las vitrinas. Su espinazo es un laberinto de cables de televisión y azoteas crispadas.

Si observáramos con atención descubriríamos que es una grúa la que sostiene al atardecer, la que lo deposita morosamente en los sótanos de la ciudad. En ese instante la multitud se vuelve naranja en mitad del tráfico. Pocos se detienen a aplaudir. Pero en el largo telón de edificios hay siluetas que contemplan, asombradas y en contraluz, la impecable muerte del día.

El latido antiguo de la belleza.

Guaire

En Caracas hay un río que todos los días olvidamos. Más que un río, es un hilo marrón y atormentado, un desagüe del mundo. El hedor horizontal de nuestras vidas. Pero también es río y tiene orillas. Caminarlo, en esta ciudad, es privilegio de vagabundo. Nadie más posee esa mirada, ese ángulo de la autopista. Es su paisaje privado. Porque estamos hablando de un río solitario y malquerido. Sólo aquellos que pertenecen a la geometría de la miseria lo poseen. De vez en cuando deberíamos extrañarlo. Es la cintura de nosotros, el agua última de nuestra ciudad.

Boulevard

Todas las tardes me dedico a deambular por esta
bella ciudad de mierda
sin mayor orden ni concierto que recoger tickets de
lavandería del suelo,
y contar toda la chatarra que consigo a mis pies
desagües, ancianos, naranjas,
adolescentes narcotizados,
talleres mecánicos, dientes cariados, ojos eléctricos,
ex boxeadores orinando la fachada de las iglesias
vendedores de fritangas y fresas oscuras
recitales de poesía en idiomas imprevistos
niñas líquidas que exhiben su ombligo de cristal
donde yo juego a encajar una esfera que no es el amor
ni siquiera el sexo, ni una uña de tigre de Siberia,
tropiezo con buhoneros, pensiones de mala muerte,
perros rojos
de tanto ladrar
y corbatas dignas de un incendio
consigo hombres escarbando en la basura
buscando la última edición de la Biblia,
el mejor libro de autoayuda que ha escrito alguien
así gritan los pregoneros, así piensan los políticos en

mitad de la orgía.

Esta ciudad es un concierto de rock
un desfile de largas piernas turbias con el nombre de
la mujer que amo
un aguacero de putas viejas y mandarinas
un chirrido de crack en los pulmones.

Yo escupo sobre el plexo solar de esta calle
amanezco abrazado a los bomberos de mi urbanización
celebro mi hastío en los parques
los restos de alcohol que brillan en el suelo
el delirio de los vagabundos a las dos de la tarde
tus pechos que marean a un ascensor de hombres
desesperados
mientras Dios golpea impaciente un teléfono público
y no puede comunicarse con los dueños de esta
ciudad
¿quién le presta un celular, quién atiende su voz, su
reclamo,
su grito de almanaque olvidado?

Por las tuberías circula el pensamiento unánime de
todos aquellos
que se lavan la cara y ríen y duermen en esta bella
ciudad de mierda
y yo hundo mi rostro en este valle
y voy con mi mosca amaestrada sobre el hombro
con mi aspecto de peatón bautizado en aceite de luna
flotando como una factura de hotel sobre los charcos

del pavimento
donde un ejército de vendedores de ropa interior
y postales de la última navidad
gritan el precio de sus vidas desperdiciadas
y los minoristas de bluyines proclaman el nimbo de
su miseria
en sus propios huesos zurdos
y los astrólogos de supermercado, los porteros de los
bares,
los jefes civiles de la soledad
repiten la vieja canción de los crepúsculos
y la ciudad entera se derrumba
con la dulzura de los orgasmos caraqueños.

Sobre ruedas

En un carro se hace apego. Es, de forma unánime, oficina, cama y despensa para la costumbre. Todo chofer habita su vehículo con papeles mínimos, mudanzas de ánimo y desorden. El volante gira por las calles con el mapa secreto de nuestras huellas. Un carro es una posdata de la habitación personal. Si se dispone del instrumental puede ser una gran sala de música. Una butaca de teatro desde donde se contempla el sincopado estilo de la ciudad. Allí se puede enmudecer sin presión. Llorar como un fósforo. Se puede vagar sin tejerse con la multitud. Vivir sin vigilancia.

Es un triunfo de la soledad.

Mi único señorío

Esa mujer que sube por mi cuello
y revisa mis ojos a la diez de la mañana
esa mujer que inicia virajes en mi deseo
y me alimenta con sus dedos de agua
esa mujer que colecciona ventanas
y me abraza la frente en los aeropuertos
tiene un talismán en sus senos
un señuelo de espalda y hogar
un exacto pájaro en su rostro.

Esa mujer que todos los días me clausura
y reúne piedras en un país desconocido
esa mujer que roba mis pulmones
y revuelve avispas con su mirada
esa mujer, famosa como Praga
y dulce como las camisas abiertas,
posee la alevosía de los vendavales
y encaja flores en mi pulso.

A cada mes la celebro como un diamante
A cada hora la unto en mis brazos
la retengo en mis dientes

y me bebo sus mareas
me apresto a su viscosidad de lluvia.

No tengo duraznos para su adiós.
No hay magia que la desaloje.
No hay música que ocurra y entienda
y la sobrepase.

Esa mujer que sube por mi cuello
y revisa mis ojos a la diez de la mañana
es mi suburbio,
mi racimo de melancolía,
mi flauta y mi huracán,
mi único señorío.

Sábados

Todos los sábados, rodeando las ventas de licor, se reúnen los mejores borrachos de la ciudad. Reparten su ocio entre ventanales, lomos de automóviles y muros de cemento. Se intoxican lentamente en grupos de tres o siete. Hay risotadas, lascivia barata y radios sobre la calzada. Todos inician una noche que será irrecusable y turbia. Es la revancha contra la ciudad. Se hace alarde de pequeñas victorias, se vanagloria cualquier mínima épica personal.

A medianoche, la ciudad contraataca, con un leve dedo de su oscuridad va derrumbándolos uno a uno. Es una pugna y una cópula. La ciudad reclama sus derechos de amante. Al amanecer, sólo quedan dos o tres que se aferraron a la noche sin moverse, que aturdieron de ron sus rabias y euforias, que por más que trataron no pudieron contarse ni una sola verdad, que lo intentarán el próximo sábado en un ritual de vértigo que los irá destrozando y salvando a la vez.

Como animales que lamen la tempestad.

Zumbido

La violencia tiene el color de los edificios
abandonados.
Se derrama sobre el piso
como un jugo sin vientre.
Cuando sonríe derrumba sin esfuerzo
sillas, huéspedes y canciones tibias.
Cuando alza la cabeza es un alfiler
en mitad de lo sagrado.
La violencia es asmática y tiene reino.
Es un zumbido en la cédula de identidad.
Es la rabia,
masturbándose en público.

Creo, con Jean Genet, que la santidad es una meta, que la santidad es la palabra más hermosa del lenguaje. El, en su *Diario del Ladrón*, de la manera más prohibida posible, procura ese camino, hundiéndose en lo oscuro, para quedar sin nada, despojado, santo. Y propone, en ese camino de envilecimiento, entrenarnos en rehabilitar lo innoble. Aprovisionarnos de vida en cada salida, en cada experiencia de lo urbano, me gustaría agregar.

Sólo así entendemos la demencial oración de Allen Ginsberg donde proclama:

"¡Santas las soledades de rascacielos y aceras!
¡Santas las cafeterías atestadas por millones!
¡Santos los misteriosos ríos de lágrimas que corren bajo las calles!
!Santo Nueva York Santo Tánger Santo Moscú Santo Estambul!"

Sólo así desciframos la revelación interior que vivió Jack Kerouac, ese gran prosista del alma, sentándose en los famosos cafés del boulevard, simplemente, para ver pasar a París.

Para escarbar su corazón.

El final de una frase posible:
un hombre bordeando el tumulto de la melancolía
un hombre opaco y sin aves
mientras una mujer pronuncia su nombre,
sin él saberlo,
en estricta desesperación.

La religión de los pasos

A una ciudad sólo la conoce quien la ha caminado. Cada calle demanda una aventura nativa y ancestral en el humano: descubrir, conquistar y, por supuesto, colonizar. Cada vía tiene su ensamblaje de sombras, su hora de alba, su catálogo de sonidos. Caminar una calle supone varios aprendizajes. Exige disciplina y furia. Disciplina en la malicia del paso. Furia para sobrevivir. Se debe acceder a ella como por asalto. Llenarse de su propia voracidad.

Emboscarla.

La cita

Supongamos un encuentro casual. Un hombre se deslumbra ante una mujer (ocurre, es rutina). Acto seguido, la rodea con palabras de algodón, como si sus brazos le asomaran una joya o la noche. Ella conoce las señales del ritual. Él, por qué negarlo, posee estilo, merece unos minutos más. Pide su teléfono. Ella juega: le da sólo las cuatro primeras cifras. Las otras debe adivinarlas. Él ruega una próxima vez. Ella accede: "dentro de dos semanas, a las tres". "Puede pasar cualquier cosa en tanto tiempo", implora él. Pero no hay caso, ya ella ha desaparecido.

El día de la cita el hombre no hace otra cosa que caminar entre relojes. Se prepara, destina su mejor perfume, combina trajes y palabras en la mente. Invierte ruido y congoja. Ha sido tanta su cavilación que se le ha hecho tarde. Agitado, llega al lugar. "Hace diez minutos se fue", sentencia el barman, equivocando las señas y hablando de otra mujer. El tizne de su mirada se eleva, como si habláramos de la tristeza.

Al final, advierte un detalle ya viejo: en un cenicero están rotas, apuñadas, hechas polvo, todas sus palabras de la primera vez. No había un solo verbo legible, ni siquiera la decencia de un adjetivo. Nada. No respiraban. Ninguna valía una cita de amor.

Pienso ahora en Onetti, el escritor más taciturno de toda Latinoamérica. Pienso en su ciudad imaginaria, Santa María, donde sigue deambulando sin tregua el relente trágico del ser humano, ese asunto hermoso y terrible que somos. Nuestra ciudad, por más equívoca o maldita, será nuestro único arraigo. Por eso Onetti no tiene más remedio que decir: "Existe un lugar, una cosa, un pensamiento que se llama Santa María para todos nosotros".

"Somos latín vulgar, no hay mayor certeza poética", dicen los dioses, trémulos y borrachos, sobre el andamio de la ciudad.

Y la reina calle se revuelve con ternura.

Un insecto arde en la ventana de mi oficina

no sé si tomar nota

no sé dónde colocar las dádivas y los escombros

busco vocablos que contengan un misterio

un indicio de profecía y muelle

una brisa que me otorgue la voz y la pólvora

una escritura sin escándalo ni calma

la punta del sol

shhhhh!

Caracas Family Center

Cada vez que entro a un centro comercial sufro erecciones incalculables,
y me dedico a hacer diligencias en orden alfabético,
busco artículos para el hogar en las tiendas de calzado,
pastillas para adelgazar y trucos para desaparecer en el piso uno,
inscripciones para el próximo viaje a la luna,
una docena de helados para el despecho,
escaleras que me alejan de ti,
relojes sin horas laborables,
pasillos que me acercan a ti,
trajes con la talla exacta de mi último amor,
juegos de video que prueban mi torpeza,
chocolates melancólicos en la planta baja,
mujeres azules en las vitrinas,
barcos de comida japonesa,
música de última hora,
estampillas con sabor a hamburguesa,
primos perdidos, vecinos de la infancia, enemigos en orden de tamaño,
piso tres para las emergencias bancarias,
lavadoras a todo volumen,

calcomanías para dejar de fumar,
un bar con tus iniciales grabadas en los manteles,
seiscientos niños en las escaleras mecánicas,
piñatas con olor a canela en el piso cuatro,
oficinas para cancelar la luz divina,
planillas para creer en Dios,
para viajar a Aruba, para suscribirte al parlamento
ruso,
ancianos extraviados, matrimonios aburridos,
los ascensores suben y bajan sin abrir sus puertas,
los sótanos revuelven los carros como un dominó
enloquecido,
¿dónde comienza el día?, ¿dónde se apaga el domingo?,
tiendas donde venden puestas de sol y almanaques
que dan cuenta
de los días que tengo sin verte,
computadoras que poseen el color de animales ya
extinguidos,
son las cuatro de la tarde y ya me he mordido la cola
varias veces,
nadie sabe cómo suspender el mecanismo,
esto da vueltas, esto gira sin pausa,
algunos se arrojan de las escaleras mecánicas,
otros se suicidan en los ascensores,
alguien vende las mejores fotos del suceso,
hemos llegado a la feria,
en la terraza una estrella local firma autógrafos

mientras en los cines la gente hace cola
para olvidar a las estrellas locales
las boutiques ofrecen sostenes para solteras, corbatas
para desempleados,
cortinas para los tímidos,
alfombras para los que no saben dónde poner sus
pasos,
tiendas de mascotas donde venden monos deportivos,
perros calientes, gatos con botas y conejos sin suerte,
se agita el ritmo cardíaco de los pasillos
esto da vueltas, esto marea,
otra vez el vecino, otra vez la mujer de senos
cautelosos,
¿dónde está la puerta de salida?
¿qué hago con esta erección?
¿cuánto cuesta la ropa de invierno en este trópico
derretido?
¿alguien ha visto mi carro, mi dinero, mi mujer?,
las ofertas ruedan por las escaleras,
las librerías no pueden con tanta autoayuda,
llegan más vecinos, llegan mis ex novias, llegan
profesores de álgebra,
amigos de la última década, niños a punto de ser
felices,
una monja que no encuentra su tarjeta de crédito
¿por qué no se abren los ascensores?
¿dónde se apaga el domingo?

Rumor

4: 01 a.m. Gente despeñada en los bares, vocablos íntimos en algún carro, un ladrido recurrente, el desfile lento de la muerte. Todo se une al rumor gigantesco de una ciudad que simula dormir, con sus pies llenos de lodo y escarcha.

Doble vida

Toda autopista tiene una doble vida. En la superficie es una luna colérica (los carros desfilan como balas, arrojando luces, en una sola línea fastuosa y orgullosa). Abajo, la autopista se convierte en puente. Esa sombra es la que ignoramos. Ocurre como una gran escenografía en voz baja. Arropa a ciertos seres que circulan sin destino bajo una acústica de automóvil y viento. Seres de la intemperie. No viven en la ciudad, son la ciudad. Son alcantarilla y humano paso. No necesitan protegerse del sol. Son las rodillas de Caracas. Son libres. Oscuros y libres.

Fuera de control

Yo soy la droga, yo soy la pócima
me trepo en los cerros como un conejo sediento
busco alguien que me venda un trozo de luna
una risa de loco, un gesto de quijada con hipo
me adentro en la noche, las pupilas me arden
las palabras se caen lentas, se saben dulces
qué tibia es la luz de ese poste de esa ventana de esa
mujer
yo soy la droga, soy la música
el expulsado que hay en cada familia, el hombre al
margen
yo abro los brazos con tanta fuerza
que mis dedos se salen de la ciudad
soy el fármaco, soy la sed, el navío alucinado
el rostro tenso, el tarambana
el cerebro feliz, el jarrón contra la pared
no tengo retorno no tengo brújula
yo soy el país, la piedra, el surco en la nariz
la ventana de la fiesta
traigo el brebaje y la furia
bésenme los ojos, no puedo dormir, mi corazón está
fuera de control

yo soy el desvío y la lujuria
la madrugada brutal, la resaca infinita
caigo de boca en tus labios, tengo humo en mi
sombra.
Yo soy la droga, el bochorno y el edén
soy la abundancia y el desatino
el burlador de alcabalas
el hijastro del diablo.
Soy una palmada en los pulmones
una noche sin puerta de salida
soy el tequila y la poesía
el desecho y el éxtasis
soy tu única palabra escrita en la lengua:
sobredosis.

Sopor

En este instante la capital hace su gran alarde: se detiene. Es el irrepetible segundo en que nadie balbucea una estrofa frívola, un golpe bajo o el amor. Un taxista en la esquina es el único sonido. La ciudad se concentra en él. Se le unta en las rendijas de las uñas. Lo aprieta en silencio como un puño. Allí, en un sorbo de cerveza caliente, se agolpan sus años. El monóxido de sus gestos, la rapidez con que van muriendo sus cejas, la sabiduría torva de su mirada, todo eso lo hace un animal del asfalto.

En dicho momento, abrumado por la certeza, ensaya un exorcismo, piensa una llanura, un salto de agua, una comarca de sol. Se dispone a huir, a volverse blanco en otro paisaje. Allá donde dicen lejos, donde llaman otro lugar.

Hace un equipaje rápido y se va. Pero en mitad del adiós voltea y observa lo que abandona, se aferra al horizonte de apartamentos y relieves, lo piensa duro y vuelve a sí mismo, salta del tren inútil.

Acaba de saberlo: en otro sitio no sería feliz. Porque a las ciudades no se les traiciona. Porque la ciudad rasga la única canción que lo podría explicar en el mundo.

Malabares

"Esa mujer es muy imprecisa", dijo alguien.

Va de cuerpo en cuerpo, de cama en cama,

no es capaz de reconocer el desasosiego del amor.

"Es muy imprecisa", insisten.

Pero ella, ajena al ridículo, reúne bodas en su cerebro.

Explora hombres magníficos y en ruinas.

Conspira con sus senos y un racimo de malabares.

Del Paraíso, tiene la dirección errónea.

Es la gerente de su fracaso.

Hipótesis de ciudad

12:45 p.m. El hombre se detiene frente a un solar. Antes, en ese sitio, hubo un edificio, un primer piso, una persiana rota, el cordel sucio de una cortina. Y ese asunto lacónico de las seis de la tarde que era una silueta acodada en la ventana. Frente a él hay esa hipótesis de ciudad, porque si otros atravesaran la calle con urgencia y vieran de soslayo el lugar, no jurarían nada. Quién sabe. En una ciudad quién sabe.

Sólo él asegura, desde el fondo de su edad, que allí, en ese rectángulo de aire, estaba su apartamento. Justo por donde acaba de pasar el viento con cierto desdén ese hombre dormía, masticaba los bordes de un libro o simplemente se dedicaba a ser infancia. Ahora no hay nada. La sombra de un avión atraviesa el pavimento y lo trae al presente. La ciudad reinicia sus zancadas, frenética y cómoda, con soltura y oficio.

El hombre ya no está. En la calle siguiente es un giro más de la multitud.

Lienzo

Una estampa de la aflicción:
tus pasos sobre la trama secreta de la tarde
tapando el sol
dejándome atrás
convertido en aspereza
en mobiliario quemado por los días
con tendencia a ruina y cobalto.

Baños públicos

Los baños públicos poseen la osadía de los hoteles bruscos. Los de caballeros tienen un duro olor a semen en sus pisos. Ejecutivos ansiosos y motorizados en cacería negocian un sexo rápido y anónimo. Algunos abordan a transeúntes parcos e inciertos. El encargado de la limpieza derrama baldes de jabón sobre la impudicia. Pero nada calma la agresiva emanación de los cuerpos. Hay historias que piden un poco de aseo en sus lechos.

Prisa

6:10 p.m. La ciudad lanza sacos de gente a la calle. Se mueve hacia todas partes. Parece una bailarina indócil y drogada. La gente ha desarrollado habilidad para el baile. Todo consiste en urdir filigranas en el aire. Si alguien -dentro del cauce- se detuviera, ocasionaría un descalabro del ritmo. Excusas, miradas de reclamo, paquetes caídos. De cualquier forma, en pocos segundos, recobraría el paso.

La calle es prisa químicamente pura. Un vendedor de seguros, pequeño y gastado, decide una pausa en su jornada. Busca un ángulo en la pared y reclina su cintura. Observa los rostros y se pregunta cuántos vuelven del fracaso cotidiano, cuántos de la rencilla, de la culpa o la dicha breve, de la oficina mustia o del adiós terrible. ¿Hacia dónde van ahora?

La soledad es un dibujo

Son las dos y media de la madrugada. El operador de los vagones de la línea dos del metro vuelve a su casa, ni siquiera ebrio, ni feliz, ni abandonado. La calle está vacía y húmeda. Apenas, un sonido líquido del asfalto cada vez que aparece un carro. Nada ocurre. Únicamente, dos o tres ventanas encendidas en su edificio. "Lectores o insomnes o amantes", dice. Algo de ese dibujo urbano de la soledad lo seduce sin siquiera saberlo. Creyéndose indiferente a todo cruza la calle, juega con sus llaves. Trae uno que otro recuerdo recién adquirido. Le da una última mirada a la noche y entra al edificio. Se explora en el espejo del ascensor. Encuentra que en su rostro también está la noche. Ve el suelo: restos de cigarro, huellas de un zapato deportivo. Imagina los zapatos que entran allí diariamente. Sus historias (el matrimonio que colecciona infidelidades, el niño que fracasó un gol, la conserje que engorda su rutina, el ciego que escribe graffitis, la bella que cada vez es menos virgen). Por primera vez nota cuánto tarda el ascensor en llegar a su piso. Al entrar a su casa ve los muebles exactos, como hace ocho horas. La sala que lo aguarda en silencio. Las cortinas sin nada que decir. Va a su cama y tarda media hora infinita en dormirse, en despegarse la ciudad que trae. Se siente algo más viejo. Poco a poco conquista el sueño. Afuera queda el subterráneo, esperándolo. Hasta el día siguiente. Cuando agregará un acento más a su alma.

En ese instante, en el apartamento vecino, alguien se suicida o está a punto de nacer.

Muslos

Sobre la calzada hay una tormenta de muslos. Es un evento que ayuda al caos de la ciudad. Si bien estamos ante una palabra decisivamente erótica, en ocasiones tiene un uso gastronómico. Pero la más de las veces atiende a explicar una turbación. Implica apetencia, necesidad, temblor de los ojos. Los muslos son un término de ámbito femenino que se cruza y descruza sobre las sillas para sublevar el ánimo. Anuncian una habitación vaga, un vestido que acampa sobre el suelo, una mano que comienza.

Cuando son hermosos, preceden el sufrimiento de algún hombre.

Confusión

11:40 p.m. La ciudad derrocha su confusión. El aire está congestionado de locura y neón. Ciertas calles retumban, se hacen públicas y manoseables. Otras se hacen duras y tensas. Algunas huelen a confort. Las últimas apestan a náusea y aceite. Travestis, ejecutivos, meretrices, oficinistas, asesinos, artistas. Todos nocturnos. Todos furtivos o triunfales, a ráfagas por la ciudad. ¿Son su consecuencia o su causa?

Bolero

Una mujer que fue la víspera de mi caída.

Una mujer como un rumor de piedras indóciles y amarillas.

Sin atavíos, sin madera, sin otra índole que el olvido.

Una mujer que se decidió alambre para mis párpados.

Llevo como una noticia lenta el colmillo de su adiós.

Mi voz es un humo que se aleja.

No tengo mucho que decir.

Sólo contradicciones y unos ojos preparados para la frontera.

Me derrumba el lado izquierdo de esta música.

Mi insistencia es una cicatriz con su nombre.

Un jardín de vocales un poco rancias.

Pierdo el ritmo, rompo lo blanco,

se detiene mi sangre

en el brusco jueves de una mujer.

Allá, al fondo de los semáforos

donde ningún peatón advirtió el desastre.

Alejandro Rossi anota en esa pequeña joya de la reflexión llamada *Manual del Distraído* la idea certera de que hemos renunciado a la calle: "No es ya -dice- un lugar de convivencia o de encuentros; es más bien, el precio que pagamos por llegar de una casa a otra. Nos hemos resignado a que sean feas, duras e inhóspitas". Presumo que esta idea la comparten todos. En esa frase no hay reflexión lírica, sino realidad objetiva, verdad sustantiva. Pero luego, páginas más tarde, sucumbe con deleite a una imagen estupendamente urbana: "Cuantas veces-dice Rossi- me descubro pensando en las innumerables personas que hacen el amor en este preciso instante, detrás de esas ventanas. Es un reconocimiento que nunca deja de asombrarme y que me hace sentir, al caminar por las calles, como si yo fuera el cuidador de un gigantesco burdel"

Es ese juego de asociaciones el que también nos entrega el fósforo del poema. Sam Shepard, el vaquero de los poemas elementales y rotundos, maneja la misma fórmula. Una de sus líneas apenas dice: "Como la vez que confundí la respiración pesada de una persona que estaba a mi lado con un incendio lejano".

El valle

Toda nuestra vida, no lo notamos, ha circulado en los ámbitos de un valle. De vez en cuando salimos, inventamos un exilio, una búsqueda de lo otro. Pero volvemos con más certeza. Odiamos públicamente nuestro sitio en el mundo. Escribimos consignas rabiosas en sus paredes, escupimos cansancio, ladramos. Pero no seríamos sin este sitio. Nada seríamos. Geografía y destino, este valle.

Desde los cerros, la ciudad es bruscamente hermosa.
Los techos de zinc forman un paisaje extraño, como
si una vasta escalera plateada se precipitara a grandes
zancos hacia la ciudad.

El sol explota ruidosamente en los techos.

Burdel

Franco había sido el mejor estudiante de cocina de Florencia hasta que un barco, dos fracasos matrimoniales y un negocio esquivo lo trajeron a esta ciudad donde hoy vive como vendedor de preservativos en un burdel de sospechoso abolengo.

Franco tiene los ojos en camino a la locura de tanto comprar billetes de lotería, contar las monedas de los clientes y nunca saber quién gana y quién pierde en cada brusca noche.

Mientras tanto, Deborah, con su bronceado tropical, y Melissa, higiénica y complaciente, se acercan a cada cliente y le exponen las virtudes de su inconfundible show 2 x 1.

Sobre el mueble de tela roja, Thabata, Brenda y Viki cruzan sus piernas al unísono, enceguecendo las retinas de un hombre tímido que necesita saber si existe la resurrección.

Verónica, maestra en técnicas antiestrés, es perfecta para las despedidas de soltero pues se ha casado ya tres veces, mientras Sasha prefiere hombres torpes y malolientes para evitar el riesgo del amor.

Wanda y Gina, hermanas de una misma placenta, con cinco minutos de diferencia, ofrecen un placer nunca antes vivido. Las gemelas son el último grito de la moda.

Todas prometen convertir tu hartazgo en fantasía. Sólo a cambio de unos cuantos billetes y ninguna violencia.

Franco les vende preservativos a los clientes y justo antes de cerrarse el ascensor les regala una sonrisa cómplice, cargada de lástima y aliento.

Es lo único verdadero que esos hombres obtienen de la noche.

Franco sueña con sus recetas de lingüinis al pomodoro mientras suma cuántos preservativos faltan para subir de nuevo a su barco.

A veces, le escribe poemas de amor a las gemelas y espera resultados.

Bajo los puentes

Bajo los puentes, Caracas bufa de silencio. En algunos hay vida doméstica, gente de las sombras, perros. En otros, maleza y dibujos del cemento, uno que otro trashumante, un bosquejo de historia. Muy pocos saben lo que ocurre bajo los puentes,

esa arquitectura de la desolación.

La vastedad

¿Alguien dispuso que las luces de la miseria adornaran tanto la noche? ¿Alguien con un cruel sentido de la estética? Quién lo negaría, es hermosa esa vastedad de bombillos.

En los bares se puede observar el manuscrito del desamparo. Mucho fasto indigno. Mucho tumulto del gesto. Todo el largo esófago humano chorreando alcohol. Como para dormir a esa caja ruidosa que es el corazón. La soledad, cuando es plural, suele vestirse de fiesta y joya. La gente anda de triste. Pero ella no. Ella baila y se droga.

Tristeza, balcón de los ojos.

Viernes

Los solitarios buscarán el final de la soledad.
Los otros, el cese de la costumbre.
Se escuchan los chasquidos de la tentación.
La ciudad baila a control remoto.
La noche dispensa azar, hielo y amores inconvenientes.

Las bocas brillan como piernas dulces.
Es el mundo cortándose las venas
y cantando.
Música, agua de música.
Viernes.
Todos reventarán en la madrugada.

"Un hallazgo de calma. En alguna parte de Caracas, si persistiéramos en el desvelo, lo hallaríamos. Algo que nos otorgue el mohín del asombro", dice el optimista, mientras sus piernas se balancean desde una pared de ladrillos en perfecto ángulo recto con la muerte.

Un búho lo observa, resignado.

Ávila

Hay quien dice que nadie lo contempla, que pocos —incluso— lo respiran. Pero tiene tanto de nosotros que en las noches de abril suena minúsculamente. Como rigurosa melodía de nuestras vidas. Y se hace un color. O un estado del cielo.

Es el Ávila, la pared de árboles que nos hace valle, instinto y añoranza. La montaña que presagia nuestro quejido o fortuna. Nadie lo contempla, pocos -incluso- lo respiran.

Vertedero

La difícil belleza de las esquinas.

Sus postes donde se aferran como grapas los vagabundos.

Su aire de gente que olvida y parte.

El vertedero de sus cerros.

Cañerías y demencia, limosna y tráfico.

Odio en los ojos.

Anuncios atribulados donde se agota el tiempo.

Caracas está hecha de oraciones crueles.

"Callejear es un arte. Es la gastronomía del ojo", decía Balzac. Frase grande. ¿Cuántos caminan la ciudad con conciencia de la empresa? Muchos, ni siquiera, llegamos a sospechar la aventura.

Lo que más seduce de una ciudad es que en ella la humanidad produce el más alto de sus espectáculos. No hay paisaje más rudo de la euforia. No hay sitio donde reine con mayor énfasis el desasosiego. Está hecha de extremos. Es el único lugar donde podemos entrever la vastedad, no del mundo, sino de lo humano: nuestro viejo corazón, podrido y glorioso.

De la muerte:

Le oí decir a Salvador Garmendia que la muerte "es el último pasajero que baja del autobús todas las noches". Hablaba de "una figura marchita, algo gibada, que camina, invariablemente sola, por las calles poco transitadas". Efectivamente, la muerte no ha perdido sus viejas costumbres. Sólo que ha añadido ciertos ornamentos a su rutina. Ultimamente se le ha visto, burlona y escurridiza, en medio de la multitud, entregando su tarjeta de presentación. Está perdiendo el pudor. A veces se emborracha y recorre frenética la ciudad dejándose ver en sitios luminosos y tempranos. Ella, que siempre ha sido impertinente, anda ahora sin mayor atavío ni maquillaje, con una soltura rayana en el descaro. Su ego está desorbitado. Se sabe noticia y no deja ni un día de subirse a los cerros, lanzarse a las autopistas, precipitarse en los pulmones. Por primera vez en su vida se siente bienvenida. Anda de fiesta. Se ha convertido en la música de fondo de Caracas.

Una calle en domingo.

Así es el sonido de lo blanco.

(se mece en el aire

    la minúscula campana de un heladero).

Equilibrio

Los seres que habitan el valle se distribuyen a lo largo de su anarquía. Los que viven en el declive del terreno y los que moran en las alturas. Pero la ciudad, en claro sentido del equilibrio, procura que todos sus habitantes estén en perpetuo movimiento, entremezclándose al menos dos veces al día. Esto permite que no haya mayores diferencias en el clima que se aposenta en sus ojos. A su vez, les confirma su identidad de ciudadano, ser de metrópoli, es decir, hombre vesánico e inquieto, múltiple en sus agobios, catártico en el goce, profano y roído, festivo, de tanto ser mundano, de tanto beberse la ciudad.

Petitorio

Que ocurra lo imprevisto.

      Lo letal.

      Lo asignado a la ventisca.

Que las bisagras del sexo entonen su fervor.

Que cada bar se trague los límites de lo proscrito.

Que los pulmones alojen la caligrafía del éxtasis.

Que nos arrase la desmemoria.

Que la noche enloquezca de sudor.

Péndulo

Caracas nace y agoniza simultáneamente. Mientras en una esquina desmantelan el lugar de nuestra adolescencia, en otra se inaugura una tienda donde quizás compremos un par de zapatos para nuestra boda. La cuerda del presente, tensa y cavilosa, entre esos laberintos que son el pasado y el futuro.

El contracanto de las fábulas.

"Manipular, ¿qué sabe el diccionario de esa palabra?", sentenció con un aullido la cortesana en mitad del almuerzo, arreglándose por quinta vez la tira del sostén y clausurando las ínfulas del intelectual.

Nadie comió postre.
Dos cafés.

Y la cuenta, por favor.

Adentro

Sé que fuera de la ciudad existe el tiempo. Sé de plácidas neblinas y vientos de sal.

Afuera, posiblemente, sea la paz.

Pero adentro, en esta respiración de alcantarilla, se mueve, desesperada y enorme, la vida.

Subversivos:

Toda gran ciudad está llena de guerrillas. Guerrillas de amor, se entiende. A cada instante se asaltan unos ojos, se derrumban unos labios, se desvalija un corazón. En cualquiera de sus calles hay siempre un combate. No importa el sitio: una oficina, un restaurante, una plaza. La ciudad está en permanente estado de seducción. Es el vario discurso del deseo, revulsivo e indómito. Siempre una llamada telefónica, un pasillo, una caricia que atraviesa la autopista hasta llegar a su destino. Las frases que acorralan, el reloj de lo inminente, la embestida de los ojos, otra vez las manos. Es la guerrilla de los cuerpos desplegándose como una mancha de aceite a lo largo de la ciudad. Cada vez que hay sol. Cada vez que la luna.

37 grados a la sombra

Dícese de tu cuerpo, que simula la multitud del metro, cayendo sobre mi recuerdo.

Dícese de lo incierto, que humedece mi ropa, cada vez que la autopista propaga tu adiós.

De lo imposible, lo que está al final de la calle, parpadeando como un letrero ruinoso.

Es de tu nombre, este vapor.

Resulta aburrido condenar el vértigo de las metrópolis. Tantos seres humanos en un mismo espacio tienen —necesariamente— que llenar de errores a la ciudad. El error somos nosotros, aquí y en la arenilla de los viejos médanos. No culpen a la ciudad, sino a sus latidos: hombres y mujeres dispuestos a la inquina y el ardid para ser felices. Paradoja de mundo.

Madrugada

Es la madrugada. Hubiera preferido una calle húmeda y recóndita como cualquier fotograma del cine negro, pero todas están resecas y compactas. Hay soledad, cierto. Hay un perro olisqueando los restos del día. Hay un hombre de esquivo aspecto sentado sobre la maleta de un vehículo. Por la calle un carro de la policía transita lentamente, patrullando los agujeros de la oscuridad. El hombre y los policías se ven a los ojos. Si estos lo decidieran pudieran cambiar el destino de ese hombre, que ni hurta ni se embriaga ni se droga, pero es una sospecha en medio de la noche. Pudieran arrojarlo a una pared y a una humillación. La ciudad, dirían, les permite la escena. El hombre lo sabe. Él, que bajó de su casa por pura asfixia, porque quería sentir la noche en el rostro, por no saber qué hacer con tanto. Por un momento se retaron con los silencios. "Malhaya, qué imprudencia esa de sentirse solo", pensó el hombre y tensó la mirada. Esperó lo peor. Pero los policías siguieron de largo. Hector Lavoe, desde la muerte, cantaba en la radio de la patrulla y no era asunto de interrumpirlo por un individuo más de la calle luna. Que siga la noche.

Nota a pie de página

Caracas tiene el humor de una mujer

     es extremo y cintura

     confusión y portento

     intemperie y saxo

     como una mujer

Que ya no está. Que ya no está.

Página roja

La tinta de un crimen moja el asfalto.

La luz de un yesquero deambula por el callejón.

Un hombre huye, otro agoniza.
No hay farmacias de turno.
No hay una sola ambulancia en la autopista.
Dos ángeles sueñan una playa en un hotel cercano,
entrelazados y hambrientos.
Una madre escucha crujir la foto de su primogénito.
Se viste de negro.

En la estación del metro ocurre un romance.
Afuera llueve azufre.

La noche, ya de vuelta,
pronuncia el diamante del dolor.

Leo y subrayo los versos de Apollinaire que dictan: "Tengo sed oh ciudades / de Francia Europa el mundo/ vengan a deslizarse en mi garganta honda". Este es el mismo espíritu con el que Baudelaire descubrió la belleza lírica de los vagabundos. "Encontrar el frenesí cotidiano", recomendaba. Hay, detrás de todo esto, una significativa certidumbre: la importancia de la angustia como fuerza poética. Por allí deambula la idea básica desde donde se puede construir una poética del asfalto.

La ciudad, más que ninguna otra escenografía, está llena de estampas de lo humano: postales violentas y convulsas que nos acercan a esa orilla donde la vida arde a patadas.

Que no suene mórbida esta reflexión, pero hay un ángulo de la sordidez, una visión de la decadencia que arropa al hombre humanísimo, al frágil, al perdedor.

Al mal amado. Al truhán de sí mismo.

La ciudad es mi mujer preferida. Posee misterios y agravios típicamente femeninos. Propone una geografía feroz. Se escurre con lascivia y experiencia. Por eso, por la turbación que causa, es que procuro el anverso de su belleza. Nunca he dejado de asociarlas: entrar por primera vez a una ciudad produce un goce de las mismas dimensiones que ese de entrar en la oscuridad de una mujer.

Ella misma —la ciudad— redacta su manuscrito. Sólo espera por lectores suicidas, decididos a dejar el resto. Como lo diría Williams Carlos Williams: "Señoras mías, arremánguense las faldas, vamos a atravesar el infierno".

Esquina

No sé qué edad tengo pero reconozco en el recuerdo a mis amigos, una esquina determinada y la perezosa temperatura de las dos de la tarde. Un licor rancio para celebrar el advenimiento del día martes, por ejemplo. Un ron tiernísimo para los problemas de alma y acné.

Héroes de nuestra calle, vagabundos del pavimento, músicos de lata y capó de automóvil, baquianos del ocio, esquineros de la vida, todos ocurren en esta página. Como si la vida fuera un recuerdo que pudiéramos fumarnos lentamente.

En esos días las palabras eran un humo alegre y corajudo. El tiempo se sentaba entre nosotros a escanciar su óxido. A olvidar su prisa. A intoxicarse calmo, despacio, a sorbos incomparables.

Teníamos costumbres de marinos y, casi siempre, sonrisa de prófugos. Se nos olía el sobresalto de los rincones. Amábamos a las mujeres en ascensores, puentes y sótanos. Luego venía la crónica exacerbada.

El relato salpicado en cerveza. Los ojos vidriosos de placer. Las trampas de cada héroe.

Allí, cada uno era un fragmento de la euforia. O como lo diría el más avieso de todos: un ejército de suicidas, una familia de adictos y magníficos.

Había ropa tendida en el paisaje. Colillas de cigarros cruzando el aire. Perros lamiendo el hueso del asfalto. La noche se convertía en un estribillo a todo pulmón. Eramos, sin duda, un vicio oscuro. Unos metros más allá, la autopista. Y en el fondo, el tizne de los cerros.

A veces, no crean, la tristeza también se sentaba con nosotros. Apoyaba algún pie en la pared. Recostaba su lomo negro y helado. Guardaba sus manos eternas en los bolsillos, le hacía advertencias al viento y desgranaba su propio licor. Entonces, los teóricos del béisbol, los silbadores de chistes, los fornicadores olímpicos, los grandes jodedores de la vida se volvían sombríos. Adoptábamos la vastedad nocturna de los ángeles y escuchábamos gotear nuestro propio insomnio hasta la alta madrugada. Para esa hora, ya la ciudad había ensayado todas sus muertes. Para esa hora, el único ruido insistente y seco era la tristeza.

El final ni siquiera se anunció. Poco a poco la esquina se fue vaciando. Sus huéspedes comenzaron a partir. El tiempo apenas volteaba a echar un vistazo. Saludaba aprisa y nervioso, como un viejo amor. Dicen que el destino tenía ya meses dando vueltas en el fondo, impaciente y estricto. "¡Cada quién a la vida!", palmeaba y desesperaba.

La esquina sigue sucia y ruinosa, pero ya no queda un solo rastro de nuestra impecable alegría. El aire es monótono. No hay desechos ni bienes del alma. Ya no cruje la música. Ni estalla la medianoche. El vecindario duerme en paz. Todos salimos a crecer.

Ahora, somos unos lacónicos, con el paraguas roto y empapados. Unos andrajos del tiempo.

Estoy extenuado en tu recuerdo. Que otros te habiten y te suden y te hagan noche y novia. Que merezcan tus grietas. Que sean una fiesta mejor. Un espejismo irresponsable y feliz. Como nosotros lo fuimos.

Digamos, esquina, digamos tu nostalgia.

Correr es Vivir

Los trotadores son una raza de nómadas que buscan la salud al final de un cronómetro. Jadean y saludan a los que corren en dirección contraria mientras espantan a la muerte con pequeñas zancadas. Tienen un manual de vida amarrado a la cintura, un ropaje previsto, un parque estipulado para el ritual.

La muerte, que suele seguirnos a todas partes, decide no imitar las cansinas piruetas de los trotadores, compra un helado y se sienta en un banco del parque mientras evalúa dónde esperar a su clientela: quizás al fondo de un trago, en un atraco al borde de sus casas o en un choque de vehículos en plena madrugada. La muerte sonríe, segura de sí, y concluye no sudar nunca más.

La risa de los amantes quedó derramada en el ascensor. En el espejo, prisionero, un rumor de cuerpos agitados. "No hay duda, eran ellos", advierte el marido celoso y tardío frente a la conserje que agita con rubor su paño de limpieza y oculta las mejores pruebas.

Al fondo, la junta de condominio se ocupa de problemas mayores.

Noche

Señor que insiste en beberse el aire
reúna sus invitados
hágase de un sitio en las trinitarias
procure su ánimo
su hacienda de estrellas
su rigor de alucinado.

Fast food

La indigencia afectiva de los que comen a pie.
Un almuerzo apurado y de baja monta. Un lunes
anónimo que se te olvida en la cuenta de tu vida.
Una indigestión con perfume a salsa de tomate y
silencio.

Sólo queda imponer la ciudad que habita dentro de nosotros, la que todos los días imaginamos y no terminamos de encontrar afuera. Que sea como un anagrama salvaje, que ese tanto de asfalto que recorremos tenga el talante de nuestros sueños, que renuncie a su condición de invisible.

Hago piruetas entre tus ojos y la muerte. Tu boca es
mi reino.
Te pretendo:

> crepúsculo turbio,
> personaje abyecto,
> vocerío ininteligible.

«En *Métodos de la lluvia*, Leonardo Padrón va más allá de su propia poesía, experta en mujeres y ciudades, para adentrarse en preguntas definitivas sobre el tiempo y la muerte, sobre la esencia de la escritura. De manera sorprendente, los versos de este libro establecen un diálogo entre la sensualidad y la experiencia del vacío. Con gran maestría, y sin abandonar su propia tradición personal, Padrón propone ahora otro desafío, una versión más honda del desarraigo, un sentido diferente de la belleza».

Alberto Barrera Tzyska

«Decididamente conmueve el castellano en el que está escrito este libro. Sus versos son sentenciosos, a menudo lapidarios. Esta rotundidad lapidaria ciñe la arquitectura, no solo de los versos, sino de cada poema, y de todo el poemario en general. En ese sentido, *Métodos de la lluvia* es una vasta, orgánica lección de composición estética».

Armando Rojas Guardia

Por el mismo autor:

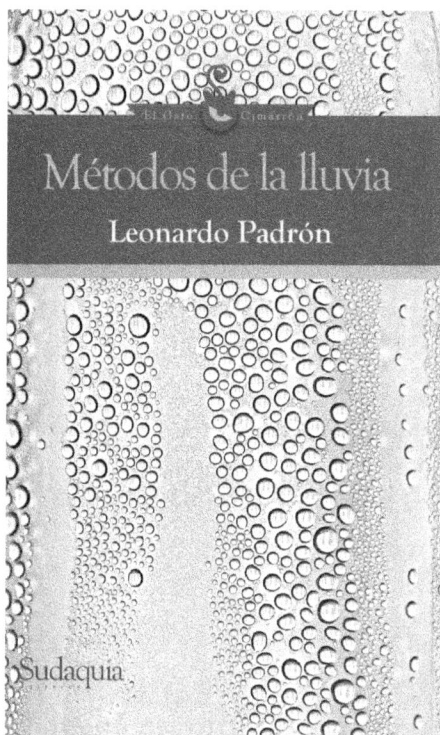

Métodos de la lluvia
Leonardo Padrón

Sudaquia

www. sudaquia.net

«Este poemario es la prueba material, emocional y verbal de que a Leonardo Padrón, el hombre y el poeta, gracias a la constancia y el oficio, le ha sido entrega la alta desnudez del lenguaje. Escrito con un ritmo trepidante, con imágenes impecables, con un humor inesperado y definitivamente urbano, este libro alcanza una ternura sobrenatural».

Alexis Romero

«La poesía ha elegido a Leonardo Padrón para decirle una palabra mágica, colmada de aciertos, milagros, silencios. Una palabra que lo ubica en lugar privilegiado dentro de la poética latinoamericana».

Hernando Guerra Tovar

«En esa noche oscura del alma que deviene en discurso amoroso, la poesía de Leonardo Padrón propone mirarnos en un espejo virgen y reconocernos como individuos, como algo definitivamente desprendido y único».

Harry Almela

El Gato Cimarrón

Otros títulos de esta colección:

Contra el viento del norte — Odette da Silva

El amor tóxico — Leonardo Padrón

La puntualidad del Paraíso — Armando Rojas Guardia

La soledad de los mundos abolidos — José Antonio Ramos Sucre

Lenguas de seña — Enrique Winter

Litoral central — Juan Luis Landaeta

Los románticos eléctricos — Hernán Vera Álvarez

Métodos de la lluvia — Leonardo Padrón

Primer movimiento — Enrique Winter

Poemasbajos / Netherpoems — Odette da Silva

Río en blanco — Adalber Salas Hernández

Secoya — Jesús Sepúlveda

Sobre las fábricas — Raquel Abend van Dalen

Una trinitaria encendida — Raquel Abend van Dalen

Wañuypacha / Partothötröl — Alberto Valdivia Baselli

www. sudaquia.net